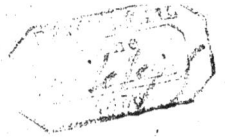

FACULTÉ DE DROIT DE PARIS.

THÈSE

POUR LA LICENCE.

L'acte public sur les matières ci-après sera soutenu,
le jeudi 12 juin 1856, à dix heures,

Par Jean-François-Gaston BOULARD DE GATELLIER,
né à Saint-Clément-lès-Macon (Saône-et-Loire).

Président, M. MACHELARD, Professeur.

Suffragants :
- MM. DEMANTE,
- ROYER-COLLARD,
- DUVERGER,

Professeurs.

- FERRY, Suppléant.

Le Candidat répondra en outre aux questions qui lui seront faites sur les autres matières de l'enseignement.

PARIS.

CHARLES DE MOURGUES FRÈRES, SUCCESSEURS DE VINCHON,
Imprimeurs de la Faculté de Droit,
RUE J.-J. ROUSSEAU, 8.

1856.

A MON PÈRE, A MA MÈRE.

JUS ROMANUM.

DEPOSITI VEL CONTRA.
(Dig., lib. 16, tit. 3.)

Depositi contractus est in classe eorum qui re contrahuntur.

Depositum, ut ait Ulpianus, est quod custodiendum alicui datum est.

Recte definiri potest : contractus quo quis ab altero gratis rem custodiendam recepit ea lege ut eamdem reposcenti reddat.

Duplex distinguitur depositum : necessarium quod fit in casu incendii, ruinæ, naufragii; et voluntarium quod mera partium conventione nascitur.

Quatuor necessaria sunt ad depositum contrahendum :

1° Ut res depositario tradatur. Tradita intelligitur res quamvis non ipsi depositario, sed ipsius jussu ei qui illius nomine custodiat.

Hinc, si quis scriptura sibi constitui depositum confiteatur, non potest per se constituere depositum, sed duntaxat valet ad probandum.

2° Necesse est rem principaliter custodiæ causa tradi.

Oportet ut res tam ex parte tradentis quam ex parte accipientis custodiæ causa tradatur et suscipiatur.

Quum custodiæ duntaxat tradatur res deposita sequitur : 1° quod hujus proprietas manet apud deponentem, sed et possessio, nisi apud sequestrem deposita est ; 2° debere rem illam reddi ei qui deposuit, ejusve heredi, quum eam repoposcerit ; 3° diem quo ex conventione res reddenda est solius depositoris gratia adjectam videri debere.

3° Necesse est gratis rei custodiam suscipi. Ideo si merces constituta sit, nullum fit depositum, at sive locatio conductio, sive aliud genus contractus.

Interest valde hoc distinguere, quia pro diversa contractuum natura, veniunt præstationes diversæ.

4° Necesse est depositarium non esse rei custodiendæ dominum.

Idcirco, qui rem suam deponi apud se patitur vel utendam rogat, nec depositi, nec commodati actione tenetur : sicuti qui rem suam conducit aut precario rogat, nec precario tenetur, nec ex locato.

DE ACTIONIBUS QUÆ EX CONTRACTU DEPOSITI DESCENDUNT.

Duæ actiones descendunt ex contractu depositi, scilicet directa et contraria.

Prætor his verbis directam actionem promittit : quod neque tumultus, neque incendii, neque ruinæ, neque naufragii causa depositum sit, in simplum ; earum autem rerum quæ supra comprehensæ sunt, in ipsum in duplum : in heredem ejus, quod dolo malo ejus factum esse dicitur qui mortuus sit, in simplum; quod ipsius, in duplum judicium dabo.

Hæc actio depositi directa ex quovis depositarii dolo datur adversus eum.

Excogitari possunt septem doli species, ex quibus actio depositi nascitur :

1° Si depositarius rem quam penes se habet, ei qui deposuit ejusve heredi, procuratorive eam reposcenti non reddat statim. Hoc ita, si habeat copiam reddendi statim; nullus enim dolus videri potest si puta : in provincia res sit, vel conditio depositi non extitit.

Depositarius qui copiam habet reddendi statim, dolo facit nisi reddat statim ; quamvis ei aliquis denuntiavisset ne depositori redderet; modo tamen is qui deposuit, de eo defendendo caveat idonee.

2° Si res reddatur deterior facta dolo depositarii. Hoc enim casu, quasi non reddita re, agi depositi potest. Dicitur dolo malo reddita, cum deterior redditur.

3° Si depositarius aliquid extorsit ut redderet, quamvis sine mora et incorruptum reddiderit.

4° Si numeravit quasi suam pro libertate servi pecuniam quam ab eo servo recepit ut domino dederet pro libertate ejus : aliud est enim reddere, aliud quasi de suo dare.

5° Si depositarius desierit dolo rem habere ; et adeo tenetur, ut, quamvis res recuperata postea interierit, non liberetur ejus interitu.

6° Si sine dolo depositarius desiit habere rem depositam, sed id quod ad ipsum pervenit propter hanc rem, vel actiones quas habet ejus nomine, non præstat ei qui depositum reposcit.

7° Si quis legit pluribus præsentibus tabulas testamenti apud se depositas, actione depositi tenetur de tabulis.

Lata culpa pro dolo habetur, ut det locum actioni depositi, nam qui non ad suum modum curam in deposito præstat, fraude non caret.

Si convenerit dolum non esse præstandum, non valet hæc conventio, est enim contra bonam fidem et bonos mores.

Etiamsi citra dolum depositarius apud quem res est non reddit, depositi obligatur; et fidejussor ejus conveniri potest.

Idem et quum depositarius ex pecunia deposita locupletior factus est.

Regulariter actioni depositi non est locus in depositarium qui rem habere desiit, nec ex ea locupletior est, quum hoc fecit sine dolo, aut sine ea culpa quæ pro dolo habetur.

Hinc qui per errorem restituit alteri quam cui oportebat, vel qui restituit uni ex depositoris heredibus, quamvis citra præceptum judicis, vel aliquo fortuito casu rem amiserit, non tenetur.

Attamen, si aliter convenit, rata est conventio, nam contractus legem accipiunt ex conventione.

Sed qui se obtulit deposito, non solum dolum, sed culpam etiam et custodiam præstat, non tamen casus fortuitos.

Res deposita est periculo depositarii eo die quo depositi actum sit, si judicii accipiendi tempore, potuit eam reddere, nec reddidit; nisi pariter peritura fuisset apud deponentem.

Actio depositi directa competit ei qui deposuit, quamvis rei depositæ non sit ipse dominus, et etiam si prædo vel fur deposuerint, nam interest eorum eo quod teneantur.

Hæc actio sicut et cæteræ nobis acquiri potest per eos quos habemus in potestate. Distinguendum autem : si servus deposuit, utiliter dominus experietur hac actione, servus autem ipse manumissus non poterit agere. Sed etsi alienatus fuerit, actio competit adhuc ei cujus servus fuit quum deponeret, contra, quum filiusfamilias deposuit, non solum pater sed filiusfamilias recte depositi agere potest.

Actio depositi competit heredibus, bonorum possessoribus, cæterisque successoribus, et ei cui ex Trebelliano senatusconsulto restituta est hereditas.

Actio depositi datur adversus depositarium ; si duo sunt depositarii, adversus unumquemque agi potest; nec liberatur alter si agatur cum altero.

Filiusfamilias tenetur depositi, nam tenetur cæteris actionibus. Sed et cum patre ejus agi potest, duntaxat de peculio. Idem cum domino servi.

Si apud filiumfamilias res deposita sit et emancipatus rem teneat, pater nec intra annum de peculio conveniri debet, sed filius ipse. Etiamsi servus apud quem depositum sit, manumissus rem teneat in ipsum dari debet actio, non in dominum, licet ex cæteris causis, actio non datur in manumissum.

Tenetur hæres ex dolo depositarii defuncti ut in voluntario, ita in necessario deposito, sed non eo modo quo defunctus. Nam in heredem datur pro hereditaria portione, et in simplum et intra annum ; in ipsum et in solidum, et in duplum, et in perpetuum datur.

Actione depositi depositor intendit sibi reddi oportere rem quam deposuit, et quod ipsi abest dolo depositarii. Et non præteritus tantum dolus veniet in actionem depositi, sed etiam futurus, id est post litem contestatam. Actor debet designare rem depositam cujus petit restitutionem.

Hæc actio depositi est bonæ fidei, ideo fructus in hanc actionem veniunt. Sed et si pecunia deposita est, usuræ in depositi actione, sicut in cæteris bonæ fidei judiciis, ex mora venire solent.

Hæc actio famosa est : habet privilegiatam causam erga argentarios. Scilicet quoties nummularii foro cedunt, ratio habetur primo loco eorum qui pecunias depositas habuerunt. Et ante privilegia ratio habetur depositariorum, si bona venierint.

Ordo non spectatur eorum qui deposuerunt, vero omnium simul ratio habetur. Actio depositi per nullam compensationem, deductionem excludi aut differri potest.

Actio depositi potest concurrere cum aliis actionibus scilicet cum condictione furtiva, cum actione ad exhibendum et rei vindicatione et cum actione legis Aquiliæ.

Depositario contrarium datur judicium depositi ad repetendos sumptus quos circa rem depositam depositarius fecit.

De sequestratione. — Sequestratio seu sequestrum est quædam depositi species.

Proprie in sequestro est depositum, quod a pluribus in solidum certa conditione custodiendum reddendumque traditur.

Sequester dicitur apud quem plures eamdem rem de qua controversia est, deposuerunt.

Sequestratio differt in nonnullis a deposito :

1° In deposito ordinario tam plures quam unus deponere possunt, apud sequestrum non nisi plures. Hoc casu, in solidum unusquisque videtur deposuisse, quod aliter est, quum rem communem plures deponunt;

2° Ordinarium non nisi ex conventione fit; sequestratio interdum citra conventionem auctoritate judicis;

3° In deposito ordinario mera rei custodia depositario committitur : in sequestrum interdum transfertur et possessio;

4° In ordinario, res deposita statim reposci potest; in sequestratione, solummodo quum impleta fuerit conditio sequestrationis.

Sequester debet observare legem sequestrationis. Ex sequestratione eædem actiones competunt, quæ ex deposito ordinario.

Lata culpa pro dolo habetur in sequestrationis sicut in depositi actione.

De deposito simulato. — Aliquando eædem actiones dantur

ex deposito simulato, quæ ex vero, quum quis aliter suam rem servare non potest.

NAUTÆ, CAUPONES, STABULARII UT RECEPTA RESTITUANT.
(Dig., lib. 4, tit. 9.)

Cum plerumque necesse est fidem sequi nautæ, cauponis, stabularii, et res custodiæ eorum committere, duriore teneri debent actione. Ideo prætor ait : nautæ, caupones, stabularii, quod cujusque salvum fore receperint, in eos judicium dabo.

Huic recepti actioni locus est cum depositum est apud navis, cauponæ aut stabuli exercitorem, eosve quis ab ipso præpositi sunt.

Solummodo tenentur cum exercentes negotium suum receperunt. Cæterum non tenebuntur, si receperint extra negotium.

Nauta recipit custodiam omnium quæ in navem illatæ sunt; et etiam si res nondum receptæ sint in navem, sed in littore perierint quos semel recepit, periculum ad eum pertinet.

Tenetur etiamsi res periit sine culpa ejus, vel damnum datum est, nisi si quid damno fatali contigit, factum non solum nautarum præstat, sed et vectorum, idem caupo viatorum. Nec solum furtum sed et damnum præstatur.

Hæc actio continet rei persecutionem, ideo datur et in heredem et perpetuo.

FURTI ADVERSUS NAUTAS, CAUPONES, STABULARIOS.
(Dig., lib. 47, tit. 5.)

Actio in duplum datur in eos qui naves, cauponas, stabula exercent si quod furtum factum est a quoquo eorum quos ibi habent. Si damnum datum sit extra navem, licet a nautis non præstat exercitor.

Si prædixerit se damnum non præstaturum et consenserint vectores, non convenitur. Idem dicendum de cauponæ aut stabuli exercitore.

Servi sui nomine, exercitor noxæ dedendo se liberat. Nam plus tenetur nomine eorum quos elegit quam servorum.

Si plures navem exerceant, unusquisque pro parte qua exerceat convenitur.

Hæc judicia, quamvis honoraria, tamen perpetua sunt, in heredem autem non dabuntur.

POSITIONES.

I. Res immobiles deponi non possunt.

II. Depositi restitutio retentione ob impensas in rem factas impediri non potest.

III. Non possidet sequester rem depositam.

IV. Si filius emancipatus rem teneat, pater conveniri non potest.

DROIT FRANÇAIS.

DU PRÊT.
(Liv. 3, tit. 10, chap. 1 et 2, art. 1874-1904.)

Parmi les contrats que les hommes font entre eux, il en est dont la cause est l'intérêt propre de chaque partie, d'autres où l'une d'elles est guidée par le désir de rendre un service à l'autre. Le prêt est un des contrats de bienfaisance, c'est pour cela qu'il est gratuit de sa nature. Il est même une espèce de prêt essentiellement gratuit, c'est le commodat.

Il y a deux sortes de prêt : le prêt à usage ou commodat, et le *mutuum* ou prêt de consommation.

Le Code définit le premier, celui des choses dont on peut user sans les détruire, et le second, celui des choses qui se consomment par le premier usage. Il semblerait d'après cela que c'est la nature de la chose prêtée qu'il faut considérer pour savoir quelle espèce de prêt a été fait, mais il vaut mieux rechercher quelle a été l'intention des contractants. En effet, rien n'empêche les parties de convenir qu'une chose destinée ordinairement à être consommée sera employée à un usage qui permettra de la rendre après qu'on s'en sera servi, ou de livrer une chose à la charge d'en rendre une pareille.

CHAPITRE Ier.

DU PRÊT A USAGE OU COMMODAT.

SECTION Ire.

Nature du prêt à usage.

Le prêt à usage ou commodat est un contrat par lequel l'une des parties livre une chose à l'autre pour s'en servir, à la charge par le preneur de la rendre après s'en être servi.

Pour que le prêt soit formé, il faut donc que la chose soit livrée ; en effet, tant qu'elle n'est pas aux mains de l'emprunteur, l'obligation de la rendre ne peut exister. En droit romain même, la simple convention de prêter n'avait aucune force civile tant que la tradition n'était pas faite ; chez nous elle produit une obligation sanctionnée par la loi, mais qui n'est pas le contrat de prêt.

Il n'est pas nécessaire cependant que l'objet du prêt soit remis au moyen d'un fait corporel, la tradition consensuelle suffit.

La propriété de la chose n'est pas transférée à l'emprunteur, autrement il y aurait donation ; il n'en a pas même la possession, qui reste sur la tête du prêteur ; il n'a que le droit de s'en servir à l'usage pour lequel on la lui prête. Cet usage, qui distingue le prêt du dépôt et du gage, se compose soit des services que le commodataire retire de la chose prêtée, soit des fruits qu'il est autorisé à percevoir. Il y a là une libéralité ;

en effet, ces avantages doivent être gratuits, et la stipulation d'un salaire transformerait le contrat en une convention différente ; la chose étant livrée pour un certain temps et un certain usage, doit être rendue dès que le temps est expiré ou le service reçu ; c'est une condition essentielle du prêt.

Tout ce qui est dans le commerce peut faire l'objet du prêt. On peut même prêter la chose d'autrui. Le vrai propriétaire pourra sans doute la revendiquer, mais entre le prêteur et le commodataire, le contrat produit ses effets, et cela lors même que la chose a été volée.

Les choses fongibles ne peuvent pas souvent faire l'objet d'un prêt à usage ; en effet, l'emprunteur ne pouvant s'en servir sans les consommer, ferait un acte de propriétaire, et il est de l'essence du commodat que la propriété ne soit pas transférée. Cependant il peut se faire qu'une chose naturellement fongible soit remise pour être employée à un usage qui ne la consommera pas, par exemple *ad pompam et ostentationem*, et devienne ainsi l'objet d'un commodat.

Il est possible d'emprunter sa chose, en ce sens que si un autre en a l'usufruit, il peut vous en laisser jouir pendant un certain temps ou pour un usage convenu.

Quoique le commodat, qui tire sa source du bienfait, soit ordinairement fait *intuitu personæ*, la loi ne le présume pas. Les engagements passent donc aux héritiers des contractants, à moins que les circonstances ne montrent que le prêt n'a été fait qu'en considération de l'emprunteur et à lui personnellement.

Le mineur et la femme mariée ne peuvent emprunter sans l'autorisation de leur tuteur ou mari. Ici, comme dans les autres contrats, leur incapacité est relative, la nullité de la convention ne pourra être invoquée qu'en leur faveur.

Quoique l'incapable ne soit pas obligé, il devra restituer la chose, si elle est encore entre ses mains, ou le prix s'il l'a vendue et qu'il en ait retiré un profit. Dans ces deux cas l'action découle de l'équité ; car, si l'emprunteur gardait la chose ou ne donnait pas une indemnité proportionnelle au profit qu'il a fait, il s'enrichirait aux dépens de son bienfaiteur.

Si l'incapable, étant *doli capax*, a détruit l'objet par fraude et dans l'intention de faire un acte nuisible, il ne pourrait plus se prévaloir de son incapacité. En effet, le mineur *doli capax* (art. 1310) n'est pas restituable contre les obligations résultant de son délit ou quasi-délit ; et la femme mariée qui a commis une fraude, en est évidemment responsable.

Un mineur émancipé et une femme séparée de biens ayant le droit de faire des actes d'administration peuvent emprunter à usage. Comment pourrait-on leur refuser le droit de s'obliger par un contrat de prêt, où ils reçoivent la chose gratuitement, quand ils peuvent la louer moyennant un prix?

SECTION II.

Des engagements de l'emprunteur.

L'emprunteur est tenu de veiller en bon père de famille à la conservation de la chose. Il reçoit un service, et il manquerait à la reconnaissance, s'il ne mettait pas ses soins à conserver l'objet prêté, afin de le rendre en bon état. Il ne suffit pas qu'il y ait la même attention que pour ses propres affaires ; s'il est négligent en ce qui le concerne, il ne lui est pas permis de l'être vis-à-vis de son bienfaiteur.

Cette considération n'existant plus, si le prêteur avait un intérêt dans le prêt qu'il fait, le juge devrait se montrer moins rigoureux contre le commodataire.

Les cas fortuits ne sont pas à sa charge, excepté : 1° s'il s'en est chargé; 2° si la chose a été estimée, on suppose qu'il s'en est chargé par là même ; 3° lorsqu'il a occasionné le cas fortuit en violant ses obligations; 4° s'il a pu garantir la chose prêtée en employant la sienne propre; 5° lorsqu'il a sauvé sa chose d'un danger, de préférence à celle du prêteur.

L'emprunteur qui emploie la chose à un usage autre que celui pour lequel elle a été prêtée, ou qui la garde plus longtemps qu'il ne doit, commet une faute; il n'a pas usé avec discrétion de ce qu'il a reçu à titre de service. Aussi la loi le déclare passible de dommages-intérêts, s'il y a lieu, et responsable de la perte par force majeure arrivée pendant l'exercice de cet usage illégitime. Il en serait autrement si l'emprunteur avait été certain que le prêteur le lui aurait permis s'il avait connu le besoin qu'il en avait.

La chose doit être rendue au prêteur ou à son représentant légitime, avec tous ses accessoires, au terme convenu, ou, s'il n'y en a point de fixé, après qu'on s'en est servi à l'usage pour lequel elle a été empruntée. Elle doit être rendue au prêteur, lors même que celui-ci n'en est pas propriétaire, par exemple, parce qu'elle a été volée. Seulement, si l'emprunteur apprend cette circonstance, il doit avertir le propriétaire et le sommer de réclamer son bien dans un délai donné; mais si celui-ci ne réclame pas sa chose, elle doit être rendue à celui qui l'a prêtée. La circonstance du vol n'empêche pas le prêt de valoir entre les contractants.

L'emprunteur ne peut répéter les dépenses qu'il a été obligé de faire pour se servir de la chose; il serait coupable s'il ne les faisait pas, et répondrait de la détérioration qui pourrait en résulter.

Lorsque plusieurs personnes ont emprunté la même chose conjointement, il y a solidarité entre elles pour l'accomplissement des obligations comprises dans le commodat. Il en est autrement lorsqu'un emprunteur est mort en laissant plusieurs héritiers.

SECTION III.

Des engagements de celui qui prête à usage.

Le prêteur ne doit pas redemander sa chose avant le terme convenu ou avant un temps suffisant pour qu'on puisse l'employer à l'usage que l'on a eu en vue. Il s'est décidé à rendre un service, il ne doit pas le rendre préjudiciable à l'emprunteur, et c'est ce qui arriverait s'il faisait intempestivement sa réclamation, quand celui-ci comptait retirer un avantage de ce qu'on lui a prêté et avait pris ses arrangements en conséquence.

Cependant, pour ne pas traiter avec trop de rigueur celui qui a voulu servir un ami, mais qui n'a entendu éprouver aucun préjudice, la loi décide qu'il pourra réclamer sa chose s'il lui en est survenu un besoin pressant et imprévu.

Si la conservation de la chose nécessite des dépenses, l'emprunteur doit en avertir le propriétaire afin qu'il les fasse, s'il le juge à propos. Si ces réparations sont urgentes et qu'on n'ait pas le temps de l'en avertir, l'emprunteur pourra les faire sans qu'elles restent à sa charge, pourvu encore qu'elles n'aient pas pu être prévues.

Le prêteur qui connaissait les vices de sa chose et n'en a pas averti l'emprunteur auquel elle a occasionné un dommage est coupable; car loin d'être un bienfaiteur il a causé un mal qu'il doit réparer.

CHAPITRE II.

DU PRÊT DE CONSOMMATION OU SIMPLE PRÊT.

Nature du prêt de consommation. — Dans le prêt de consommation, il y a translation de propriété; l'emprunteur reçoit la chose pour en disposer suivant son bon plaisir, pour la consommer même; mais il s'oblige à en rendre une égale en quantité, qualité et valeur.

Ce contrat a des rapports avec le quasi-usufruit; ainsi, l'usufruitier de choses fongibles en devient propriétaire comme l'emprunteur de la chose prêtée, et doit en rendre de pareilles. Mais à la différence de l'emprunteur, il est obligé de fournir caution, son droit ne passe pas à ses héritiers. Le prêt de consommation est toujours un contrat, le quasi-usufruit peut résulter d'un legs.

A l'égard de la restitution, les principes varient suivant que le prêt a pour objet des denrées et lingots ou de l'argent. Dans le premier cas on considère la qualité, le poids ou la quantité des objets prêtés, sans tenir compte de leur valeur; dans le second, on ne s'informe pas du nombre et de la qualité des pièces qui ont été livrées, mais du nombre et de la valeur des pièces nécessaires pour parfaire au jour du payement la somme numérique.

Obligations du prêteur. — Le prêteur ne peut pas demander la restitution avant le terme convenu, même lorsqu'il lui survient un besoin pressant et imprévu, comme cela a lieu pour le commodat. Lorsque l'emprunteur n'a pas le droit de consommer la chose, il l'a toujours sous la main, et il est en son pouvoir de la rendre; mais dans le prêt de consommation, si l'on forçait l'emprunteur à restituer avant le terme convenu, il lui serait peut-être difficile et onéreux de se procurer une chose semblable à celle qu'il a consommée.

Cependant si l'emprunteur est tombé en faillite, ou s'il a diminué les sûretés qu'il avait données, la restitution pourra être demandée immédiatement.

Si le prêteur a occasionné un dommage en n'avertissant pas l'emprunteur des vices de la chose prêtée, il en est responsable comme dans le commodat.

Obligations de l'emprunteur. — L'emprunteur est tenu à la restitution lors même que les objets reçus par lui ont péri par cas fortuits ou force majeure. Le prêt de consommation rend l'emprunteur propriétaire, c'est donc pour lui que périt la chose. Son obligation consiste non pas à la rendre elle-même, mais une semblable; il faudrait, pour qu'il fût libéré, que l'espèce entière fût détruite. La restitution doit être faite au terme fixé par le contrat. S'il a été fixé dans l'intérêt de l'emprunteur, celui-ci pourra le devancer; mais s'il l'avait été dans l'intérêt du prêteur, l'emprunteur n'aurait pas le droit de se libérer avant l'époque convenue.

S'il est dans l'impossibilité de rendre une chose pareille à celle qu'il a reçue, le Code l'admet à en payer la valeur. Il n'est pas nécessaire qu'il y ait impossibilité insurmontable; on se conforme aux sentiments d'obligeance qui ont porté le prêteur à former le contrat; et si la restitution présente à l'emprunteur une difficulté grave et onéreuse, il pourra, au lieu de la chose, rendre l'estimation. Cette estimation est faite eu égard au temps ou au lieu où la chose devait être rendue d'après la convention. S'il n'y a pas eu de convention, on prend le temps et le lieu où l'emprunt a été fait.

La sanction de l'obligation de rendre consiste en ce que les intérêts sont dus du jour où les choses prêtées ou leur valeur auraient dû être restituées.

DU DÉPOT ET DU SÉQUESTRE.
(Code Nap., art. 1915 à 1963.)

Le dépôt, en général, est un acte par lequel on donne à quelqu'un la garde d'une chose ; mais le déposant n'en perd pour cela ni la propriété ni la possession. Ce contrat est d'une grande utilité; mille circonstances peuvent forcer un propriétaire à y recourir pour conserver un objet qui risquerait de périr ou d'être volé s'il n'avait soin de confier sa garde à un ami, ne pouvant s'en charger lui-même.

Le dépôt ne donne à celui qui le reçoit que la garde de la chose; s'il stipulait le droit de s'en servir, ce ne serait plus un dépôt mais un prêt à usage.

DÉPOT PROPREMENT DIT.

Le dépôt proprement dit est essentiellement gratuit; la stipulation d'un salaire le transformerait en un louage de services. Le dépositaire pourrait cependant accepter un présent spontané que le déposant lui offrirait par reconnaissance, sans que la nature du contrat se trouvât altérée. Pourvu qu'il n'y ait rien d'exigé, le dépôt est gratuit.

Il ne peut avoir pour objet que des choses mobilières, en quoi il diffère essentiellement du séquestre. Si ces choses sont fongibles, elles doivent être rendues identiquement, autrement il y aurait *mutuum*.

Le dépôt est un contrat réel; sans doute, le seul consentement suffit pour produire une obligation, puisque dans notre droit *solus consensus obligat;* mais le contrat de dépôt n'est formé que par la remise de la chose entre les mains du dépositaire; c'est alors seulement que naît pour lui l'obligation de restituer; il ne peut pas rendre ce qu'il n'a pas encore en son pouvoir.

Le dépôt proprement dit se divise en deux espèces : le dépôt volontaire et le dépôt nécessaire.

Dépôt volontaire. — On appelle dépôt volontaire celui qui est fait dans des circonstances qui laissent au déposant la liberté de choisir celui auquel il confie sa chose et de s'assurer de son honnêteté, sans qu'aucune force majeure ou nécessité soit venue le contraindre.

Le consentement est ici nécessaire comme pour les autres contrats ; et si les parties ne s'étaient pas comprises, par exemple, l'une ayant cru faire un dépôt, l'autre recevoir un prêt, il n'y aurait ni prêt ni dépôt formé.

Si le dépôt a été fait *a non domino,* le véritable propriétaire n'est pas lié par le contrat, à moins qu'il n'y ait donné son consentement qui peut être tacite ; autrement le dépôt ne produit aucun effet entre lui et le dépositaire ; mais il n'en est pas moins valable entre celui-ci et le déposant. Seulement (1938), si celui qui a reçu le dépôt découvre que la chose a été volée, il doit avertir le véritable propriétaire et le sommer de la réclamer ; mais si celui-ci néglige de faire sa réclamation dans le délai suffisant, le dépositaire ne peut plus refuser de restituer l'objet à celui dont il l'a reçu,

En matière de dépôt, on suit le droit commun, c'est-à-dire que la preuve testimoniale n'est admise que jusqu'à 150 fr. ; au-dessus de cette somme, il faut un commencement de preuve par écrit. Faute d'écrit, on s'en rapporte à la déclaration du dépositaire. On peut lui déférer le serment et le faire interroger sur faits et articles.

Le dépôt doit être fait entre parties capables de contracter ; sinon il est nul contre l'incapable et valable en sa faveur. Ainsi, si c'est l'incapable qui a reçu le dépôt d'une personne capable, on ne pourra réclamer contre lui aucun dommage et intérêt pour défaut de garde ou de soin, lors même que la perte s'en serait suivie. Mais lorsque la chose est encore entre ses mains ou qu'il en a profité, le déposant peut la revendiquer ou agir jusqu'à concurrence du profit. L'incapable pourrait encore être poursuivi s'il était coupable de dol (1310).

Si c'est l'incapable qui a fait un dépôt à un dépositaire capable, celui-ci est tenu de toutes les obligations du contrat, et peut être poursuivi par le tuteur ou administrateur du déposant; celui-ci, au contraire, pourra toujours faire annuler le dépôt pour se soustraire à ses obligations; cependant il doit indemniser le dépositaire (1375) si sa gestion lui a été utile.

Obligations du dépositaire. — Le dépositaire ne doit pas être traité trop sévèrement; aussi est-il tenu de donner à la garde de la chose seulement le soin qu'il met à conserver les siennes.

S'il est négligent pour ses propres affaires, le déposant ne pourra pas se plaindre de la négligence qu'il a mise à garder le dépôt; il doit s'en prendre à lui-même de l'avoir confié à un homme peu soigneux. Si, au contraire, le déposisaire est habituellement vigilant, il doit veiller plus scrupuleusement à la conservation de la chose, autrement il se montre moins diligent que pour ses propres affaires, il y a infidélité de sa part.

Le dépositaire n'est pas tenu, comme l'emprunteur, de préférer la chose déposée à la sienne; en cas de ruine ou d'incendie, on ne pourra rien lui reprocher s'il a sauvé sa chose de préférence, pourvu qu'après l'avoir mise en sûreté, il s'occupe avec zèle de celle qui lui a été confiée; cependant si celle-ci était d'une valeur très grande, et la sienne d'une minime importance, il y aurait infidélité à lui préférer la sienne.

On jugera avec plus de sévérité le dépositaire, s'il s'est offert lui-même à la garde de la chose. Ainsi, je veux déposer chez un tiers, et vous venez me demander la préférence : vous vous engagez par là à une plus grande diligence que celle que j'attendais de mon premier choix.

Un salaire stipulé par le dépositaire transforme le dépôt en un autre contrat, et lui fait perdre son caractère de bienfaisance ; la responsabilité devient plus grande. Il encourrait également une responsabilité plus forte si le dépôt avait été fait dans son intérêt.

Enfin, si les parties sont convenues que le dépositaire répondrait de toute espèce de fautes, cette convention serait observée ; car elle n'a rien que de conforme à la bonne foi, et doit, par conséquent, faire loi entre les parties.

Le dépositaire n'étant pas tenu de sa faute légère ne répond pas à plus forte raison de la force majeure, à moins qu'il ne s'en soit expressément chargé ou qu'il n'ait été mis en demeure de rendre la chose. Et même, dans ce dernier cas, il ne serait pas responsable si elle eût également péri chez le créancier.

Le dépositaire ne doit pas se servir de la chose déposée, la garde seule lui en est confiée ; et, s'il l'employait à son usage sans la permission expresse ou tacite du déposant, il commettrait un abus de confiance. Si les objets déposés sont dans un coffre fermé ou sous une enveloppe cachetée, il doit en respecter le secret. Il doit rendre les choses mêmes qui lui ont été livrées, dans l'état où elles se trouvent, ou ce qu'il a pu recevoir en échange, dans le cas de force majeure, par exemple, si elles ont été volées et que le voleur ait été condamné à lui en payer le prix.

Un autre cas, où l'on doit rendre autre chose que le dépôt, se présente lorsque l'héritier de celui qui l'a reçu, l'a vendu ignorant qu'il n'appartenait pas au défunt. On ne peut lui faire aucun reproche puisqu'il était de bonne foi ; mais il doit rendre le prix qu'il a reçu, ou céder ses actions si le payement n'est pas encore effectué.

Les fruits appartiennent au déposant et doivent lui être restitués ; mais le dépositaire n'en doit compte qu'autant qu'il les a perçus ou qu'il est en demeure de rendre la choss déposée.

Le dépôt doit être restitué ou au déposant, ou à celui pour le compte duquel il a agi, ou au tiers indiqué pour le recevoir. Dans ce dernier cas, la restitution n'est faite au tiers qu'autant qu'elle a lieu avant la mort du déposant, autrement elle devrait être faite à ses héritiers. Le Code n'a pas voulu reconnaître les dépôts à remettre après le décès du déposant, parce qu'ils auraient été un moyen d'éluder les incapacités, prohibitions et réserves qu'il a établies.

Si le déposant meurt laissant plusieurs héritiers, la chose doit être rendue à chacun pour sa part, si elle est divisible, sinon ils doivent s'entendre pour la recevoir.

Lorsque celui qui a fait le dépôt perd l'administration de ses biens, la restitution doit être faite à celui qui administre pour lui. Réciproquement, si le dépôt a été fait par un administrateur dont les pouvoirs n'existent plus, c'est à la personne qu'il représentait que sera faite la restitution. Lorsque le lieu de la restitution a été fixé, la convention reçoit son exécution. Le dépositaire opérera le transport, mais le déposant l'indemnisera de ses frais de déplacement; ils ne doivent pas rester à la charge de celui qui a rendu un service d'ami. Si rien n'a été convenu, quant au lieu de la restitution, elle se fera au lieu même du dépôt.

Le dépositaire n'ayant pas le droit de se servir de la chose, doit l'avoir toujours prête à être rendue. Lors même qu'un délai est stipulé, il l'est seulement en faveur de celui qui a fait le dépôt, et qui peut y renoncer en exigeant une restitution immédiate.

S'il a été formé une saisie-arrêt ou opposition entre les mains du dépositaire, celui-ci ne peut se dessaisir qu'après la main levée.

La loi punit le dépositaire infidèle en le déclarant indigne du bénéfice de cession de biens.

On ne peut recevoir sa propre chose en dépôt; aussi, toutes les obligations du dépositaire cessent, s'il vient à découvrir qu'il est lui-même propriétaire de la chose déposée. Mais il ne lui suffit pas d'alléguer son droit de propriété, il doit le prouver; dans le doute, la présomption est pour celui qui a fait le dépôt. Du reste, peu importe qu'il ait été propriétaire avant que la chose lui ait été remise, ou qu'il le soit devenu depuis. Dans le premier cas, le contrat n'aurait pas existé; dans le second, il se serait éteint par consolidation.

Obligations de celui qui a fait le dépôt. — L'obligation du déposant est purement incidente, et dérive de la bonne foi d'après laquelle nul ne doit s'enrichir aux dépens d'autrui, et chacun doit réparer le dommage dont il est la cause.

Celui qui a fait le dépôt est tenu d'indemniser le dépositaire de toutes les dépenses qu'il a été obligé de faire pour la conservation de la chose et de toutes les pertes que le dépôt lui a occasionnées, pourvu qu'elles n'aient pas été amenées par sa faute.

Le dépositaire a un droit de rétention sur la chose qu'il détient pour le payement de ce qui lui est dû à cette occasion. S'il s'est dessaisi de la chose déposée, il a le privilége de l'art. 2102 pour les frais de conservation.

Dépôt nécessaire. — Il est certaines circonstances qui ne permettent pas au déposant de choisir celui à qui il confie sa chose. Le Code donne pour exemple un incendie, une ruine, un pillage, un naufrage ou autre événement imprévu. Les dépôts faits au milieu d'événements aussi désastreux méritent une protection particulière de la loi; aussi ne sont-ils pas assujettis à la preuve écrite.

La preuve testimoniale y est admise, même au-dessus de 150 francs; car, au milieu du danger qui menaçait sa fortune et peut-être sa vie, le déposant n'a pas eu le temps de se procurer une preuve écrite.

Le voyageur n'est pas toujours libre de choisir l'hôtelier chez lequel il s'arrête et auquel il est obligé de confier les objets qu'il porte avec lui. La loi a voulu le protéger particulièrement en assimilant les hôteliers et aubergistes aux dépositaires nécessaires, quant à la garde des effets apportés chez eux. La preuve testimoniale est admise contre eux, même au-dessus de 150 francs, et ils sont assujettis à la contrainte par corps.

Il n'est pas nécessaire que les effets aient été consignés entre les mains de l'hôtelier, il suffit qu'ils aient été apportés dans son hôtel pour qu'il en soit responsable. Cependant si le voyageur apporte avec lui des objets d'une valeur considérable, il doit en avertir l'hôtelier pour qu'il leur donne une surveillance particulière, autrement celui-ci serait tenu seulement d'une valeur égale à celle apportée ordinairement par les voyageurs qu'il reçoit, c'est-à-dire jusqu'à concurrence de ce qu'il a pu raisonnablement prévoir.

Il ne répond pas des cas de force majeure, par exemple lorsque le vol a été commis à main armée, ni de la perte éprouvée par le voyageur, lorsque celui-ci y a contribué par sa faute; il en est de même encore si l'hôtelier ayant déclaré ne vouloir pas se charger des risques, le voyageur y a consenti librement.

DU SÉQUESTRE.

Le séquestre est la remise d'une chose litigieuse à une tierce personne chargée de la garder et de la rendre après le débat vidé.

On l'appelle *conventionnel* lorsqu'il est fait entre les parties elles-mêmes, *judiciaire* lorsqu'il est ordonné par la justice.

Séquestre conventionnel. — Le séquestre a plusieurs différences avec le dépôt : celui-ci peut n'être fait que par une seule personne ; le séquestre, qui a pour objet une chose litigieuse, est nécessairement fait par plusieurs. Lorsqu'une chose divisible est déposée par plusieurs personnes qui la possèdent en commun, le dépositaire n'est tenu que de rendre à chacun sa part, et si elle est indivisible, la restitution doit être faite à tous les déposants réunis. Le séquestre doit être fait pour le tout par chaque partie et rendu pour le tout à une seule.

Le séquestre peut être possesseur, ce qui n'a pas lieu pour le dépôt. Le séquestre peut porter sur des immeubles; le dépôt seulement sur des meubles. Le déposant peut retirer sa chose quand il le veut; le séquestre restitue lorsque la condition est réalisée.

Le séquestre s'engage à garder la chose jusqu'à la fin du litige; il doit accomplir l'obligation qu'il a contractée. Cependant, s'il devait en résulter un très grand dommage pour ses intérêts, le juge apprécierait la légitimité de ses raisons et pourrait le décharger. Il pourrait l'être également par le consentement de toutes les parties intéressées.

Séquestre judiciaire. — Le séquestre judiciaire est celui qui est ordonné par la justice, ou qui procède de son autorité. Une seconde différence avec le séquestre conventionnel, c'est que le gardien est de plein droit salarié dans le séquestre judiciaire, tandis qu'il faut une stipulation pour cela dans le séquestre conventionnel.

La justice peut ordonner le séquestre 1° des meubles saisis sur un débiteur ; 2° des meubles ou immeubles dont la propriété ou la possession donne lieu à un litige; 3° des objets offerts par un débiteur à son créancier pour se libérer et que celui-ci refuse. Si la chose offerte était une somme d'argent, on la remettrait à la caisse des dépôts et consignations.

Le gardien doit donner à la chose qui lui est confiée les soins d'un bon père de famille pendant la durée du litige et la rendre lorsqu'il est terminé. Il peut être déchargé soit par la restitution de la chose, soit par sa perte en cas de force majeure arrivée sans sa faute, soit par un jugement qui l'autorise à se démettre (605 Code proc. civile).

Le saisi doit offrir un gardien solvable et contraignable par corps. Si celui qu'il présente ne réunit pas ces conditions, l'huissier en établit un. On ne peut pas choisir pour gardien le saisissant, ni ses parents ou domestiques, parce que la garde pourrait dégénérer en mesure vexatoire, mais on peut nommer le saisi lui-même, ou ses parents.

Le gardien n'a aucun droit sur la chose qui lui est confiée : s'il s'en servait, il serait privé de son salaire, et, en outre, condamné à des dommages-intérêts pour le payement desquels il est contraignable par corps. Si les poursuites sont retardées par des incidents imprévus, la loi ne voulant pas astreindre le gardien à une responsabilité plus longue que celle dont il a cru se charger, l'admet au bout de deux mois à demander sa décharge.

Lorsque les objets saisis ont été enlevés ou détournés, il y a vol ou abus de confiance, suivant les personnes qui ont commis le délit : si c'est un tiers autre que le saisi et le gardien, on applique les peines du vol; si c'est le gardien, il y a abus de confiance, puni d'un emprisonnement de deux mois à deux ans (406, C. p.), d'une amende qui ne pourra excéder le quart des restitutions et dommages-intérêts, ni être moindre de 25 fr.

La loi déclare qu'il y a abus de confiance : 1° lorsqu'on abuse des besoins, faiblesses ou passions des mineurs pour leur faire souscrire des choses à eux préjudiciables, ce qui donne lieu aux peines que nous venons de mentionner; 2° lorsque celui auquel un blanc seing a été confié en a abusé; s'il ne lui avait pas été confié, il serait puni comme faussaire; mais, dans le premier cas, on présume qu'il a été tenté par l'occasion ; la peine est une amende de 50 à 3,000 fr ; 3° lorsque les objets confiés à titre de louage, mandat, dépôt, ont été détournés; la peine est plus forte si le coupable est un domestique ou homme de service à gage; il est alors soumis à la peine de la réclusion; 4° lorsqu'un plaideur soustrait une pièce, titre ou mémoire qu'il avait précédemment produit en justice ; la peine est de 25 à 300 fr. d'amende.

QUESTIONS.

I. S'agit-il dans l'art. 1887 d'une solidarité proprement dite ? — Oui.

II. Si une personne est volée dans un hôtel par son propre domestique, l'hôtelier est-il responsable ? — Non.

III. Celui qui a prêté une chose, qui est dans le commerce, pour un usage illicite ou déshonnête, peut légitimement la revendiquer.

IV. La responsabilité commence pour l'emprunteur, lorsqu'il s'agit d'un corps certain et déterminé, du jour de la livraison.

V. La convention de prêter constitue-t-elle le contrat de prêt ? — Non.

VI. La compensation légale a-t-elle lieu si la dette de l'emprunteur est convertie en dommages-intérêts, liquidés en une somme d'argent? — Non.

VII. Le dépôt est-il essentiellement ou n'est-il que naturellement gratuit? — Il est essentiellement gratuit.

Vu par le Président,
MACHELARD.

Vu par le Doyen,
C.-A. PELLAT.

www.ingramcontent.com/pod-product-compliance
Lightning Source LLC
Chambersburg PA
CBHW062000070426
42451CB00012BA/2229